Purchased with a

GLOBAL LANGUAGES
MATERIALS GRANT

from the California State Library

Funded by the U.S.
Institute of Museum
and Library Services
under the provisions
of the Library
Services and
Technology Act,
administered in
California by the
State Librarian

CALIFORNIA
STATE LIBRARY
FOUNDED 1850

¡Excursiones!

La lechería

Angela Leeper

Traducción de Paul Osborn

Heinemann Library

Chicago, Illinois

Customer Service 888-454-2279
Visit our website at www.heinemannlibrary.com

Designed by Kim Kovalick, Heinemann Library; Page layout by Que-Net Media
Printed and bound in China by South China Printing Company Limited.
Photo research by Jill Birschbach

08 07 06 05 04
10 9 8 7 6 5 4 3 2 1

Library of Congress Cataloging-in-Publication Data.
A copy of the cataloging-in-publication data for this title is on file with the Library of Congress.
  [Dairy Plant. Spanish]
  La lechería / Angela Leeper.
  ISBN 1-4034-5637-2 (HC), 1-4034-5643-7 (Pbk.)

Acknowledgments
The author and publishers are grateful to the following for permission to reproduce copyright material:
p. 4 Robert Lifson/Heinemann Library; p. 5 Mazimilian Stock, Ltd./AGStockUSA; p. 6 Wolfgang Hoffmann/AGStockUSA; p. 7 Jeff Greenberg/PhotoEdit, Inc.; pp. 8, 9 Mark Turner/MidwestStock Photos; pp. 10, 11, 12, 17, 18, 19, 20, 21 Greg Williams/Heinemann Library; p. 13 Mark Richards/PhotoEdit, Inc.; p. 14 Bettmann/Corbis; p. 15 Macduff Everton/Corbis; p. 16 Patti McConville/MidWestStock Photos; p. 23 (T-B) Macduff Everton/Corbis, Craig Hutchins/Eye Ubiquitous/Corbis, Lester V. Bergman/Corbis, Maximillian Stock, Ltd./AGStockUSA, Greg Williams/Heinemann Library, Mark Turner/MidwestStock Photos; back cover (L-R) Wolfgang Hoffmann/AGStockUSA, Greg Williams/Heinemann Library

Cover photograph by David Young-Wolff/Photo Edit

Every effort has been made to contact copyright holders of any material reproduced in this book. Any omissions will be rectified in subsequent printings if notice is given to the publisher.

Special thanks to our bilingual advisory panel for their help in the preparation of this book:

Aurora Colón García
Literacy Specialist
Northside Independent School District
San Antonio, TX

Leah Radinsky
Bilingual Teacher
Inter-American Magnet School
Chicago, IL

Special thanks to Maple View Farm and William Klein at Babcock Hall Dairy Plant, University of Wisconsin, Madison.

Contenido

Unas palabras están en negrita, **así**.
Las encontrarás en el glosario en fotos de la página 23.

¿De dónde viene la leche?

Tomamos muchos tipos de leche, como leche entera y leche de chocolate.

También comemos mantequilla, queso y helado.

Todas estas comidas son **productos lácteos.**

La lechería es el lugar donde se hacen los productos lácteos.

¿Dónde se consigue la leche para la lechería?

La leche viene de las vacas.

Las vacas producen leche para alimentar a sus crías.

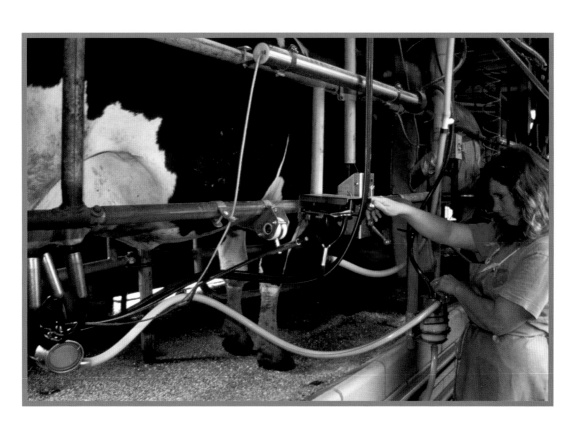

Los granjeros ordeñan la leche en la granja.

Una ordeñadora mecánica chupa la leche igual que un becerro.

¿Cómo llega la leche a la lechería?

La leche se pone en un camión cisterna.

El camión cisterna lleva la leche a
la lechería.

¿Qué sucede con la leche en la lechería?

La leche pasa por muchas máquinas.

Un trabajador de la lechería
las revisa.

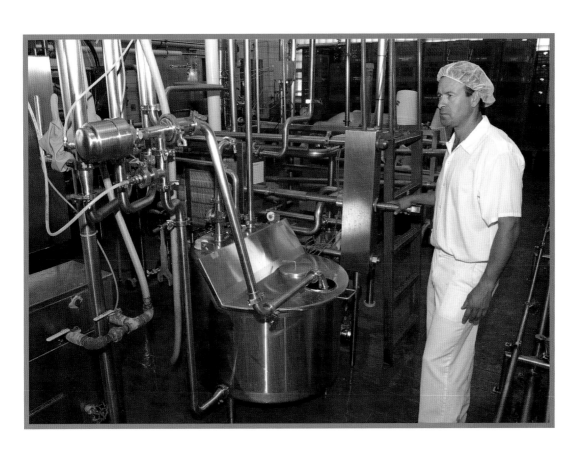

Esta máquina calienta la leche y luego la enfría rápidamente.

Esto elimina los **gérmenes** en la leche y hace que sea segura para tomar.

¿Cómo se llenan de leche las botellas?

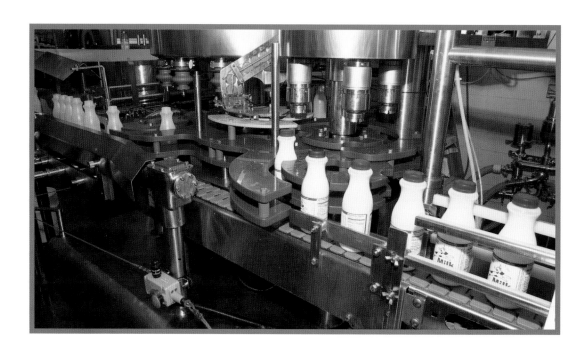

Esta máquina llena las botellas con leche.

También se envasa en **cajas** de cartón o botellas de plástico.

Una trabajadora pone la leche en un cuarto frío.

Después, la transporta a las tiendas.

¿Cómo se hace la mantequilla?

La mantequilla se hace con la parte de la leche que se llama **crema.**

La crema se **bate** para espesarla. Antes se batía a mano.

Batir es agitar la crema rápidamente para convertirla en sólido.

Hoy en día, se usan máquinas grandes para batir la mantequilla.

¿Cómo se hace el queso?

Primero, se calienta la leche.

Parte de la leche se convierte en grumos, o **requesón**.

El queso se hace del requesón que sale de la leche.

Este queso se pone en **moldes** para darle forma redonda.

¿Cómo se hace el helado?

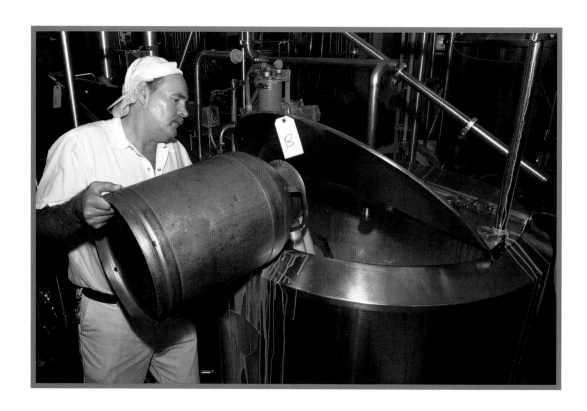

El helado se hace con leche, **crema** y azúcar.

Un trabajador pone los ingredientes dentro de una batidora grande.

Un congelador enfría el helado.

Después, el helado se envasa.

¿Qué pasa con el helado después?

Se pone el helado en un congelador grande para mantenerlo frío.

Después, se transporta a las tiendas.

¡Puedes probar el helado cuando visites la lechería!

¿Cuál es tu sabor favorito?

Mapa de la lechería

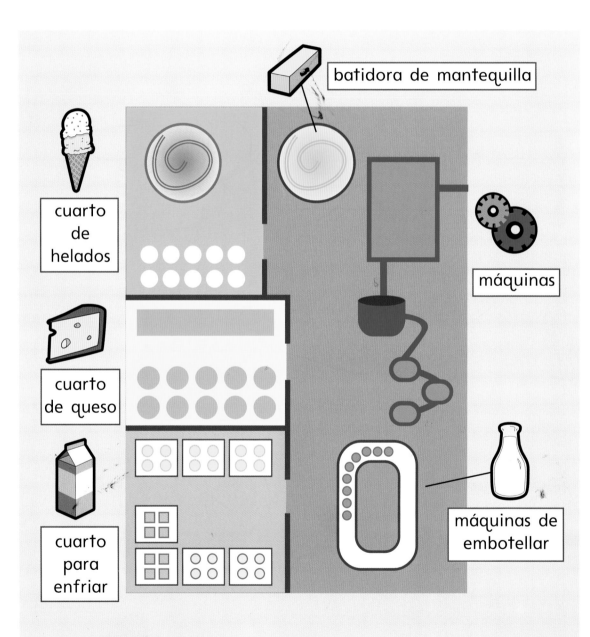

batidora de mantequilla

cuarto de helados

cuarto de queso

cuarto para enfriar

máquinas

máquinas de embotellar

Glosario en fotos

batir
páginas 14, 15
agitar algo rápidamente

crema
páginas 14, 15, 18
parte grasosa de la leche

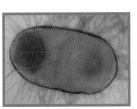

germen
página 11
pequeño organismo viviente que causa enfermedades

producto lácteo
página 5
algo hecho de la leche, como la mantequilla y el queso

molde
página 17
recipiente que da forma a algo

camión cisterna
páginas 8, 9
camión que transporta líquidos

23

Nota a padres y maestros

Leer para buscar información es un aspecto importante del desarrollo de la lectoescritura. El aprendizaje empieza con una pregunta. Si usted alienta a los niños a hacerse preguntas sobre el mundo que los rodea, los ayudará a verse como investigadores. Cada capítulo de este libro empieza con una pregunta. Lean la pregunta juntos, miren las fotos y traten de contestar la pregunta. Después, lean y comprueben si sus predicciones son correctas. Piensen en otras preguntas sobre el tema y comenten dónde pueden buscar la respuesta. Ayude a los niños a usar el glosario en fotos y el índice para practicar nuevas destrezas de vocabulario y de investigación.

Índice